LA SELVA
TROPICAL

ROSIE McCORMICK

TWO CAN™

PRINCETON ■ LONDON

Cómo usar este libro

Referencias cruzadas
Busca las páginas que se citan en la parte superior de las páginas de la izquierda para saber más de cada tema.

Haz la prueba
Estas burbujas te permiten poner en práctica algunas de las ideas de este libro. Así podrás comprobar si esas ideas funcionan.

Rincón bilingüe
Aquí encontrarás las palabras clave de cada tema, así como frases y preguntas relacionadas con el mismo. ¿Puedes contestar las preguntas? Verás también las **palabras clave en inglés**, junto con su **pronunciación inglesa**. Practica en inglés las palabras que aparecen en negrita dentro de las frases y preguntas.

Curiosidades
En este apartado encontrarás datos de interés sobre otros asuntos relacionados con el tema.

Glosario
Las palabras de difícil significado se explican en el glosario que encontrarás al final del libro. Estas palabras aparecen en negritas a lo largo de todo el texto.

Índice
Al final del libro encontrarás el índice, que relaciona por orden alfabético la mayoría de las palabras que aparecen en el texto. Localiza en el índice la palabra de tu interés y ¡verás en qué página aparece la palabra!

Contenido

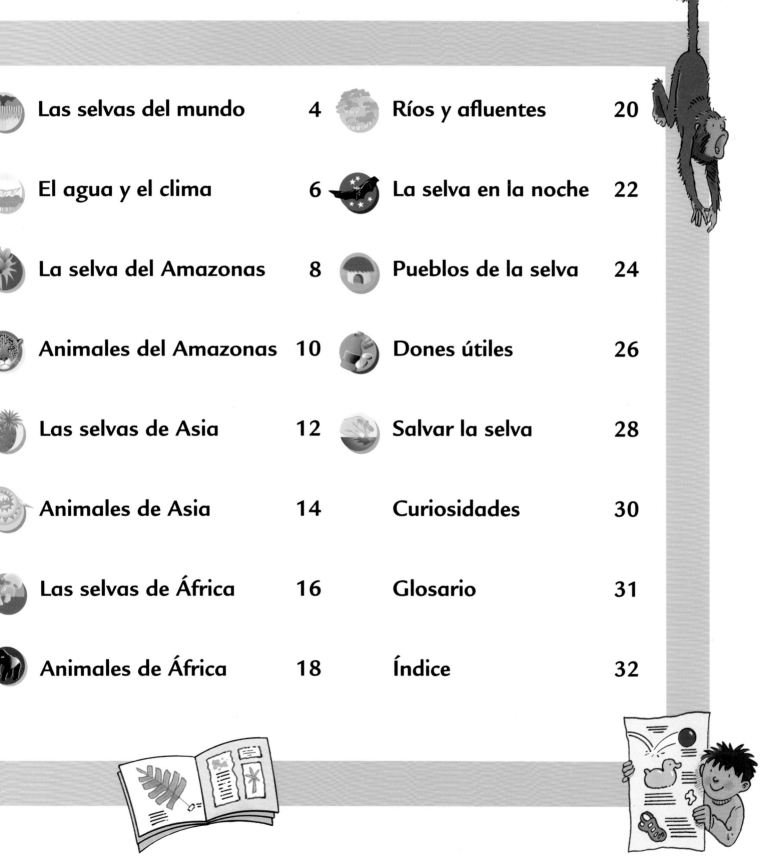

Las selvas del mundo

Las selvas o bosques tropicales se extienden en las cercanías del **ecuador**, una línea imaginaria que rodea a la Tierra en su parte media. En esa zona, cálida todo el año, llueve continuamente y la vegetación crece con facilidad. Hay selvas en América, África, Asia y Oceanía.

.... hace 200 millones de años

ecuador

.... hace 100 millones de años

ecuador

.... el mundo hoy

ecuador

Un solo continente

Hace millones de años, todos los **continentes** formaban uno solo, al que se le ha dado el nombre de Pangea. Los animales y plantas que vivían en él eran todos muy parecidos. Poco a poco, Pangea se fue dividiendo, y animales y plantas de cada **continente** fueron transformándose para adaptarse al entorno.

▲ Al separarse Pangea, las selvas fueron quedando en distintas partes del mundo.

La capa superior del bosque tropical, el pabellón o bóveda.

Capa intermedia del bosque tropical.

Sólo una luz tenue llega hasta el suelo oscuro y caliente de la selva.

Los árboles que sobresalen en el pabellón se llaman emergentes.

De pies a cabeza

La selva está llena de muchas clases de árboles, y de miles de animales de distintas especies. Unos, como los monos, pasan su vida en las copas de los árboles. Otros, como los tigres y los tapires viven en el suelo.

4

▼ Las hojas de la mayoría de los árboles del bosque tropical permanecen verdes durante todo el año.

Rincón Bilingüe

árbol · tree · *trí*
continentes · continents · *cóntinents*
ecuador · equator · *icueitor*
flor · flower · *fláuer*
lluvia · rain · *réin*
selva tropical · rain forest · *réin forest*
Tierra · Earth · *Erz*

¿Dónde está el **ecuador**? ¿Qué es el **ecuador**?
¿En cuales **continentes** hay **selva tropical**?
¿Qué era Pangea? ¿Qué le sucedió?

véase: Las selvas del mundo, pág. 4

El agua y el clima

Las plantas de la selva tropical son muy importantes para el clima. Producen **vapor** de agua, que se convierte en nubes y cae en lluvia. Las plantas absorben la lluvia y se repite el ciclo.

*3 Cuando el **vapor** de las nubes se enfría, se vuelve agua y cae en forma de lluvia.*

*2 El **vapor** sube al aire. Luego se enfría y se convierte en nubes.*

*1 El sol calienta el aire y convierte el agua de mares y ríos en **vapor** invisible.*

Toda el agua de nuestro planeta se **recicla**. Asciende al aire desde el mar, cae a la tierra y asciende de nuevo. A esto se le llama ciclo del agua.

Inundación

Cada año, millones de litros de lluvia caen en las selvas tropicales, y casi la mitad cae en los ríos de estas selvas. El resto cae sobre las hojas y al suelo. Con las lluvias intensas, los ríos se desbordan y parte de la selva se inunda. Los árboles ayudan a absorber el agua y a retener el suelo.

▲ Parte de la selva tropical del Amazonas en América del Sur inundada por las intensas lluvias.

◄ Estos árboles de una selva en Asia se cortan y se queman para ganar tierra para la agricultura.

La quema de árboles

Cada año, los árboles de la selva se talan y se queman. Cuando se queman, expelen al aire un gas llamado dióxido de carbono. Los científicos creen que demasiado dióxido de carbono en el aire, puede dañar al **planeta**, cambiando el clima.

Rincón Bilingüe

ciclo · cycle · *sáikl*
científico · scientist · *saientist*
clima · climate · *claimet*
inundaciones · floods · *flods*

lluvias · rains · *réins*
nube · cloud · *claud*
océano · ocean · *óshean*
vapor · vapor · *veipor*

¿Puedes describir el **ciclo** del agua?
Las **lluvias** intensas a veces provocan **inundaciones**.

véase: Animales del Amazonas, pág. 10; Ríos y afluentes, pág. 20

La selva del Amazonas

La Amazonia o selva del Amazonas, en América del Sur, es la más grande del mundo. Su vegetación es también la más rica, con unas 30,000 especies de flores y 4,000 especies de árboles. Como en todas las demás selvas, en la Amazonia viven especies de animales y plantas que no viven en ninguna otra parte del **planeta**.

Demasiada demanda

La caoba es una **madera dura**, cuyo árbol tarda muchos años en crecer. Cada año, miles de estos árboles se talan para convertirlos en muebles. Así, mucha gente piensa que pronto no quedarán árboles de caoba en el mundo. Quieren protegerlos fabricando muebles de otros árboles que crecen más deprisa.

▲ La selva del Amazonas en América del Sur se extiende miles de kilómetros por diversos países, entre ellos Brasil y Perú.

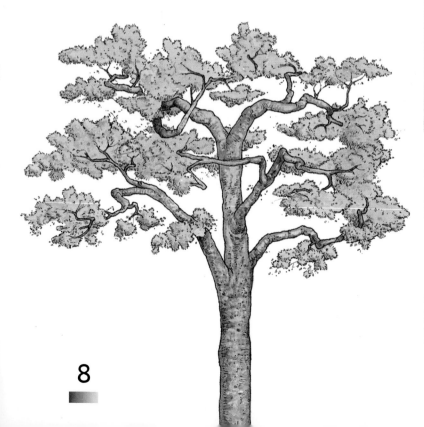

◄ El tronco del árbol de la caoba puede llegar a medir 25 m antes de que broten las primeras ramas.

El árbol de la vida

El muriti, una palmera que crece en la Amazonia, es de gran importancia para los habitantes de la región porque de él se extrae aceite, vino, madera, corcho y fertilizantes (productos que sirven para mejorar las **cosechas**). Este árbol alcanza una altura de hasta 24 m.

▼ Cuando llueve, las bromelias se llenan de agua, y pequeños animales, como las ranas, viven en ellas.

HAZ LA PRUEBA

Puedes fabricar tu propia selva, utilizando una pecera. Extiende una capa de carbón y grava en el fondo, y cúbrela después con una capa de abono. Riega el abono y planta helechos y palmas. Cubre la pecera con una cubierta de color claro, ponla al sol y no olvides regarla.

Crecen en los árboles

Unas plantas llamadas bromeliáceas crecen en la Amazonia. Envuelven con sus raíces las ramas de los árboles y crecen amarradas a ellos.

Rincón Bilingüe

aceite · oil · *óil*
Amazonia · Amazon · *Amazon*
caoba · mahogany · *majogani*
madera · wood · *wud*
palmera · palm · *palm*
pecera · aquarium · *acuerium*
rana · frog · *frog*

Miles de árboles viven en la **Amazonia**.
¿Es la **caoba** un árbol de **madera** dura?
¿Por qué es importante el muriti?

véase: La selva del Amazonas, pág. 8; Ríos y afluentes, pág. 20

Animales del Amazonas

La Amazonia es un lugar muy ruidoso. De la copa del árbol más alto al suelo de la selva, puedes oír el chillido de los pájaros y el aullido de los monos. Hay animales por doquier, incluyendo mariposas, escarabajos y hormigas. Ahí viven también cientos de especies de **reptiles** y **anfibios**.

El suelo de la selva

El suelo de la Amazonia es oscuro y húmedo. En él crecen pocas plantas porque el espeso pabellón, arriba, bloquea el paso de la luz solar y, sin ésta, las plantas no pueden vivir. Sin embargo, hay muchísimos animales, como jaguares, agutíes y pecaríes.

El peculiar dibujo en la piel de los jaguares les sirve para ocultarse entre los árboles.

Los jóvenes jaguares aprenden a defenderse jugueteando y peleando entre ellos.

Muchas ranas de vistosos colores tienen veneno en su piel para impedir que otros animales las devoren.

Pájaros de la Amazonia
Viven más pájaros en esta selva que en cualquier otro lugar de la Tierra. La mayoría de ellos viven en el pabellón.

Los pecaríes, de fuertes mandíbulas y afilados dientes, olisquean el suelo en busca de raíces, nueces y semillas.

Los monos aulladores son de los animales más ruidosos de la Amazonia. Todas las mañanas se llaman unos a otros y sus aullidos llegan a oírse a 3 km de distancia.

El agutí vive solo en la selva. Come hierba, fruta y raíces.

▲ El tucán posee un enorme pico con el que picotea los frutos e insectos de los árboles.

*El camaleón, un **reptil**, se adhiere a las ramas con sus largos dedos.*

Rincón Bilingüe

animal · animal · *ánimal*	**pájaro** · bird · *berd*
jaguar · jaguar · *llaguar*	**rana** · frog · *frog*
mariposa · butterfly · *boterflai*	**reptil** · reptile · *reptail*
mono · monkey · *mónki*	**tucán** · toucan · *túcan*

El **jaguar** lleva un abrigo de hermosos dibujos.
Encuentra dónde está el **reptil** en esta página.

véase: Animales de Asia, pág. 14

Las selvas de Asia

En Asia y parte del norte de Australia también hay selva. Ésta es un poco diferente a la Amazonia, pues su pabellón no es tan espeso. Por eso, una mayor cantidad de luz solar llega hasta el suelo y pueden crecer más plantas, es decir, más árboles, más flores y más frutos.

 El caucho se obtiene practicando una incisión en la corteza del árbol. El caucho líquido fluye a un recipiente.

El árbol del caucho

El árbol del caucho crece en las selvas de Asia. De él se obtiene el caucho, con el que se fabrican llantas, suelas para el calzado y muchas otras cosas. Hace años, este árbol sólo existía en Sudamérica, pero los viajeros lo llevaron al Asia y, hoy día, hay en Asia muchos más que en cualquier otra parte.

El nepente, planta carnívora del suelo de la selva, se alimenta de insectos que trepan por las hojas tubulares del pie de la planta.

HAZ LA PRUEBA

En un cartón, dibuja tantos objetos como puedas que estén hechos de caucho o que una de sus partes sea de caucho.

Frutos de la selva

Las selvas de Asia están llenas de muchas clases de frutos, como mangos, fruta estrella y líchis, los cuales se **cosechan** y envían a todas partes del mundo. Sin duda, habrás visto estas frutas en el mercado cerca de tu casa.

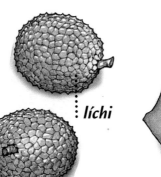
líchi

mango

fruta estrella

papaya

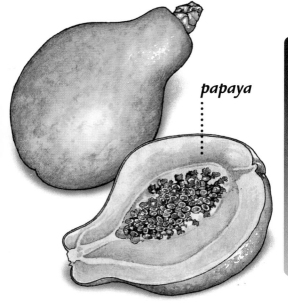

CURIOSIDADES

La rafflesia crece sólo en unas partes de la selva de Asia. Es la flor más grande del mundo y la más aromática. Puede tener un diámetro igual a los brazos extendidos de un niño y su olor se parece al de la carne podrida.

La rota: planta trepadora

Los largos tallos de esta planta que trepa por los árboles de la selva se utilizan para fabricar esteras, muebles y sombreros.

Rincón Bilingüe

fruta estrella · star fruit · *star frut*	**papaya** · papaya · *papaya*
frutos · fruits · *fruts*	**rota** · rattan · *ratán*
caucho · rubber · *róber*	**silla** · chair · *cher*
mango · mango · *mango*	**sombrero** · hat · *jat*

¿De dónde se obtiene el **caucho**? ¿Tienes una pelota de **caucho**?
¿Te gusta comer **mango** y **papaya**?
La selva tropical de Asia está llena de **frutos** deliciosos.

13

véase: Las selvas de Asia, pág. 12

Animales de Asia

En las selvas de Asia, al igual que en la Amazonia, habitan muchísimas especies de animales. Miles de insectos pululan sobre las hojas muertas y las ramas. Algunos son tan pequeños que ni se ven; otros son más grandes que la mano de un adulto. Monos, como el lémur de Madagascar de cola de anillo, se columpian en la bóveda de la selva; elefantes y tigres ramonean en el suelo.

CURIOSIDADES

Los elefantes asiáticos viven en manadas. Cada manada puede desplazarse en un área de 2,000 km cuadrados, que es la superficie de una gran ciudad.

◀ En Asia, los elefantes se usan para cargar troncos pesados.

Los tigres son los mayores felinos del mundo. Se alimentan de carne y son muy resistentes. Cazan solos, de noche, en busca de alimento.

Derribar árboles
El elefante asiático vive al borde de las selvas de India y sudeste de Asia. Sus orejas y colmillos son más pequeños que los del africano. El elefante come hojas, y cuando éstas están demasiado altas, derriba los árboles para alcanzarlas.

El águila "comedora de monos" vive sólo en las Filipinas, archipiélago del sudeste de Asia. Construye su nido en los árboles más altos que sobresalen en el pabellón de la selva.

Esta serpiente, llamada cobra, vive en las selvas de la India. Su color pardusco le ayuda a confundirse entre las hojas de la selva. Esto se llama **camuflaje**.

Los orangutanes pasan la mayor parte del tiempo en el pabellón, comiendo frutos, hojas y plantas.

No es fácil percatarse de la presencia de un insecto palo en el suelo de la selva en Malasia.

véase: Animales de África, pág. 18

Las selvas de África

La selva húmeda se extiende en las laderas de las montañas, y se llama así porque las nubes que cubren las copas de los árboles le dan un aspecto brumoso y húmedo. La selva húmeda se extiende por toda África.

Musgos y líquenes

Miles de plantas diminutas y brillantes, los musgos, crecen debajo del pabellón de las selvas africanas, cubriendo, como un suave manto, los troncos y raíces de los árboles. Muchos animales pequeños viven en el musgo. Largos líquenes crecen también en los árboles y cuelgan de las ramas como si fueran telarañas.

▲ Estos hongos crecen en el tronco caído de un árbol de la selva.

◀ Los líquenes y los musgos cubren los troncos y ramas de los árboles, y las piedras.

Los hongos

Los hongos carecen de hojas y de raíces y su color no es verde, como el de las plantas. Viven de éstas, absorbiendo de ellas el alimento. Las setas y los hongos venenosos pertenecen a esta misma familia. Crecen en el suelo de la selva, húmedo y oscuro.

Rincón Bilingüe

bambú · bamboo · *bambú*
hojas · leaves · *lívs*
hongos · toadstools · *tóud-stuls*
musgo · moss · *moss*

rama · branch · *branch*
raíces · roots · *rúts*
telaraña · cobweb · *cóbweb*
verde · green · *grin*

El **bambú** crece en los lugares cálidos y húmedos.
¿Son **verdes** los **hongos**? ¿Tienen **hojas** y **raíces**?

El bambú

Esta planta crece en los lugares cálidos
y húmedos, como son las pendientes de
las selvas africanas. El lémur dorado de
Madagascar se alimenta de una clase
de bambú que es venenoso para el ser
humano y para muchos otros animales.

▶ Un lémur descorteza un bambú
y come el tallo jugoso de la planta.

véase: Las selvas de África, pág. 16

Animales de África

En África se han talado muchas selvas tropicales. Las que quedan están en África Occidental. La mayor de ellas se extiende a lo largo de Zaire. Animales extraordinarios, como los gorilas y los chimpancés, viven en los árboles y sobre el suelo de esta selva.

Los gorilas

Éstos son los miembros más grandes de un grupo de animales llamados monos. Viven en familias formadas por un macho adulto, varias hembras y sus crías. Los machos, de pelo de color gris aperlado en la espalda, son más grandes que las hembras.

Construcción del nido

Con ramas que arranca de los árboles, cada gorila adulto hace un nido donde duerme. Las crías duermen en el nido de sus madres.

Hora de acostarse

Los gorilas pasan el día sobre el suelo de la selva, jugando y limpiándose unos a otros. Antes de que anochezca suelen construir sus nidos en los árboles para protegerse de los grandes animales que viven en el suelo.

▼ Los gorilas son vegetarianos. Recorren el suelo de la selva en busca de tallos y hojas que comer.

Los listos chimpancés

Los chimpancés pertenecen también a la familia de los monos. Son muy listos y saben fabricar y usar herramientas simples. A diferencia de los gorilas, comen carne y plantas.

▲ Los chimpancés son buenos trepadores y suelen descansar en los árboles.

Rincón Bilingüe

espalda · back · *bak*
familias · families · *fámilis*
gorilas · gorillas · *gorilas*
gris · grey · *gréi*

macho · male · *méil*
nidos · nests · *nests*
suelo · floor · *flor*
tallos · stems · *stems*

¿De qué color es el pelo de la **espalda** de los **gorilas machos**?
Los **gorilas** viven en **familias** y duermen en **nidos**.

véase: El agua y el clima, pág. 6; La selva del Amazonas, pág. 8

Ríos y afluentes

A la selva tropical la atraviesan ríos y corrientes de agua. El Amazonas, el río más grande del mundo, recorre la selva amazónica. En algunos sitios es estrecho, pero en otros es tan ancho que no se puede ver la otra orilla.

Inundaciones en la selva
Cada año, durante la época de lluvias, el Amazonas se desborda inundando partes de la selva. Cuando esto sucede muchas plantas de la orilla quedan bajo el agua. Permanecen así hasta seis meses.

▲ El Amazonas se divide en cientos de ríos más pequeños que serpentean a través de la selva.

El delfín de río sudamericano nada en el Amazonas en busca de peces que comer. Tiene más de 100 afilados dientes.

Los manatíes son los animales más grandes del Amazonas. Se alimentan de las plantas del lecho del río, que arrancan con su labio en forma de tenaza.

CURIOSIDADES

Cuando la Amazonia está inundada, el agua puede ser muy profunda. Si quisieras ver el suelo, ¡tendrías que usar equipo de buceo!

Rincón Bilingüe

caimán · caiman · *kéiman*
cocodrilo · crocodile · *crocodail*
delfín de río · river dolphin · *ríver dólfin*
época · season · *síson*
grupos · groups · *grúps*
manatíes · manatees · *mánatis*
pirañas · piranhas · *píranas*

¿A qué familia pertence el **caimán**?
Las **pirañas** carnívoras nadan en grupos.
¿De qué se alimentan los **manatíes**?

*El caimán pertenece a la familia de los cocodrilos. Flota en el agua, a la espera de su **presa**, a la que devora con sus potentes mandíbulas.*

*Las pirañas nadan en grandes grupos. Arrancan la carne de los huesos de su **presa** en cuestión de minutos.*

véase: Animales del Amazonas, pág. 10; Animales de Asia, pág. 14

La selva en la noche

De noche, la selva es tan ruidosa como de día. Algunos animales duermen; pero otros despiertan: son los **nocturnos**, que salen de noche. Viven en todos los lugares de la selva y la mayoría poseen grandes ojos y orejas, y finos sentidos del gusto y el olfato, lo que les sirve para buscar fácilmente su comida en la oscuridad.

*La única especie de mono **nocturno** que existe en Sudamérica vive en la selva amazónica.*

Ojos para la oscuridad

Los ojos de la mayoría de los animales **nocturnos** brillan en la noche. Al ser grandes, captan más luz, lo cual permite a los animales ver mejor en la oscuridad.

Un lémur africano come la goma azucarada de debajo de la corteza de cierto árbol. Brinca de un árbol a otro ayudándose de las patas y la cola.

Murciélagos

De día, los murciélagos de la selva duermen juntos en grandes grupos; se **perchan** de los árboles, cabeza abajo, con sus alas plegadas. De noche, salen en busca de alimento, que consiste en insectos, fruta y el dulce néctar de las flores.

El murciélago más grande es el zorro volador de Malaya, en el sudeste de Asia. De noche, sale para alimentarse de los frutos de la selva. Cuando extiende sus alas es tan grande como un papalote.

El tarsero, de enormes ojos en forma de plato, vive en las selvas del sudeste de Asia. Posee largos dedos cuyas puntas achatadas le sirven para asirse a las ramas de los árboles.

◀ Muchas flores que crecen en la selva abren sus pétalos de noche. Su fuerte aroma atrae a los insectos de los que se alimentan.

Rincón Bilingüe

cola · tail · *téil*
luz · light · *láit*
murciélago · bat · *bat*
nocturnos · nocturnal · *nocternal*
ojos · eyes · *áis*
papalote · kite · *káit*
pétalos · petals · *pétals*

¿Cuál es el **murciélago** más grande?
Los **murciélagos** son animales **nocturnos**.
Los **ojos** grandes captan más **luz**.

véase: La selva del Amazonas pág. 8

Pueblos de la selva

Miles de **pueblos** viven en las selvas de todo el mundo, donde encuentran lo necesario para vivir. Disponen de plantas y frutos que comer y animales que cazar. Algunos cultivan la tierra y muchos conocen el uso de las plantas medicinales.

Los yanomami

Forman el grupo humano más grande de los que viven en las selvas de América del Sur. Cada mañana, los hombres salen a cazar con arcos y flechas envenenadas. El veneno lo suelen extraer de la piel de una rana de la región. A los niños se les permite ir de cacería con los hombres cuando tienen cinco o seis años de edad, pero las mujeres se quedan en casa.

Todos juntos

Los yanomami de cada aldea viven juntos en una gran casa redonda, llamada yano, construida con árboles curvados en forma de cúpula, cubierta luego con hojas.

área de descanso   *área de trabajo*

▲ Los yanomami cazan con arco y flechas monos y otros animales.

Nuevos vecinos

En el pasado, sólo unos pocos grupos humanos vivían en la selva, pero, desde hace 200 años, mucha más gente ha construido ahí sus casas. Ellos dependen de la selva para alimentarse y estar a cubierto.

▲ Este niño yanomami
ha decorado su cuerpo
con trozos de madera
y collares de semillas.

Rincón Bilingüe

aldea · village · *vílach*
arco · bow · *bóu*
casas · houses · *jáuses*
flechas · arrows · *árous*
gente · people · *pípl*
hombres · men · *men*
mujeres · women · *uímen*

Mucha **gente** ha construido **casas** en la selva.
¿Se dedican las **mujeres** yanomami a la caza?
Los yanomami cazan con **arco** y **flechas**.

véase: Pueblos de la selva, pág. 24

Dones útiles

La selva tropical es uno de los **recursos** más ricos de la Tierra. Muchas de sus plantas se usan como medicamentos; otras, como alimentos, como el aceite o el jugo de frutas. Cada año, se descubren cientos de plantas nuevas, la mayoría útiles.

De compras

En todo el mundo se venden cientos de artículos que da la selva: café, cacao, pimienta, nueces, plátanos, piñas y aguacates, todos crecen en la selva calurosa y húmeda.

CURIOSIDADES

Cuando masticas un chicle, ¿te has preguntado, acaso, de qué está hecho? El chicle proviene del látex del zapote, un árbol que crece en la selva de México, y de Centro y Sudamérica.

Este tipo de grosella crece de una pequeña planta de Sudamérica.

La fruta estrella crece en Asia.

El jengibre es una raíz del sudeste de Asia.

El aguacate crece en Sudamérica.

La nuez de Brasil crece en Sud-américa.

El chocolate se elabora de las semillas del cacao, de Sudamérica.

La vainilla es la vaina de un tipo de orquídea.

Los granos de café crecen en África, Centro y Sudamérica.

Varios cosméticos se hacen de aceites y frutas de la selva.

La piña es un valioso fruto de la selva.

... La bebida de cola se fabrica de una nuez procedente de África.

Los plátanos son una cosecha importante.

Salvan la vida

Diferentes partes de las plantas se usan como medicinas para curar enfermedades como el cáncer y el infarto cardíaco. De la pervinca rósea de Madagascar se extrae un medicamento que combate un tipo de cáncer, la leucemia.

La papaya es una fruta dulce.

El cacahuate es de Sudamérica y África.

Los líchis son frutos de un árbol de Asia.

La nuez moscada es una especia.

La pimienta es una especia muy conocida.

La canela es la corteza de un árbol del sudeste de Asia.

El acajú crece en Asia y Sudamérica.

HAZ LA PRUEBA

Confecciona tu propio álbum sobre la selva. Reúne cuantas fotos puedas de sus plantas, flores y frutos, y divide el álbum según las diferentes selvas del mundo. Pega cada foto en donde corresponda, escribiendo el nombre de la planta.

Rincón Bilingüe

aguacate · avocado · *avocádo*
alimento · food · *fud*
chicle · chicle · *chikl*
chocolate · chocolate · *chócolat*
especias · spices · *spáises*
mercado · market · *márket*
recurso · resource · *rísours*

¿Por qué es la selva tropical un **recurso** rico?
¿De qué se hace el **chocolate**?
¿De qué árbol proviene el **chicle**?

véase: Las selvas del mundo, pág. 4

Salvar la selva

Enormes extensiones de selva tropical se han talado para la agricultura, la construcción o para obtener madera, y para la explotación de minas de oro y plata. Si seguimos destruyéndola, desaparecerán por completo con ella sus plantas y sus animales. Debemos ayudar en la **conservación** y protección de la selva.

▶ Hoy, los muebles suelen fabricarse de árboles de **madera blanda,** como el pino.

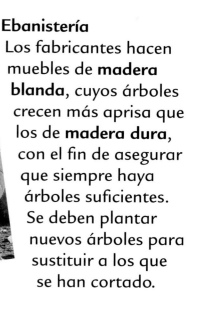

Ebanistería
Los fabricantes hacen muebles de **madera blanda,** cuyos árboles crecen más aprisa que los de **madera dura,** con el fin de asegurar que siempre haya árboles suficientes. Se deben plantar nuevos árboles para sustituir a los que se han cortado.

▲ En la Amazonia y otras selvas de Centro y Sudamérica se talan grandes árboles para ganar campos de cultivo y para obtener madera.

Proteger la selva
Algunas selvas tropicales se han convertido en parques nacionales, donde está prohibida la tala de árboles y se protege a los animales, plantas y personas que viven en ellos.

▲ Estas personas en Indonesia plantan eucaliptos. La mayoría de la selva tropical que les rodea ha sido quemada.

Cuidar las cosas

Grupos especiales, como el Fondo Mundial para la Naturaleza, intentan salvar las selvas tropicales. Nos informan de lo que está sucediendo con la gente, animales y plantas que habitan en la selva. Entérate en tu comunidad de cómo puedes ayudar.

Rincón Bilingüe

agricultura · agriculture · *agricolshur*
blanda · soft · *soft*
dura · hard · *jard*
madera · wood · *wud*
oro · gold · *góuld*
pino · pine · *páin*
plata · silver · *silver*

¿Se extrae **oro** o **plata** de la selva tropical?
El **pino** es un árbol de **madera blanda**.
Si cortas un árbol, planta otro.

Curiosidades

☆ *¿Sabías que las hojas de muchos de los árboles de la selva no se tocan ni se enciman, aunque estén muy juntas entre sí? Así, todas las hojas reciben la mayor cantidad de luz posible.*

● El tití es un mono que vive en la Amazonia. Es el único mono que bebe el jugo de los árboles. Con los dientes, quiebra la corteza del árbol y succiona el líquido.

☆ *El hoactzín es un pájaro que no puede volar bien. Vive en los árboles cercanos a los ríos de las selvas de Sudamérica. Sus crías escapan de sus enemigos saltando del árbol al río. Una vez a salvo, usan unos garfios en sus alas y patas para trepar de nuevo al árbol.*

● Algunas plantas de la selva tienen hojas enormes. Las hojas del taropé, un lirio del Amazonas, tienen un diámetro de 2 m y pueden sostener el peso de un niño.

● El anableps es un pez muy peculiar del Amazonas. Nada en la superficie y sus ojos están divididos en dos partes, de modo que puede ver bajo el agua y en la superficie ¡al mismo tiempo!

☆ *El insecto espino vive en las selvas de Sudamérica, en las ramas de los árboles con espinos, y succiona el líquido del interior de la corteza. Tiene el aspecto de un espino, lo que lo protege de que otros animales se lo coman.*

● El perezoso es un animal peludo de las selvas de Sudamérica. Puede pasar dieciocho horas al día colgado de las ramas de un árbol, y sin moverse.

☆ *El murciélago más pequeño del mundo se encuentra en las selvas de Tailandia, en el sudeste asiático. Mide sólo unos 4 cm de largo, ¡el tamaño de un abejorro!*

Glosario

anfibios Grupo de animales, como las ranas, que viven en la tierra y en el agua.

camuflaje Las marcas o colores de un animal que le sirven para confundirse en el entorno sin ser visto con facilidad.

conservación Cuidar del planeta, protegiendo sus plantas, sus animales y sus recursos.

continente Una de las siete grandes regiones del mundo. Son los siguientes: Antártida, América del Norte, América del Sur, África, Asia, Europa y Australia.

cosecha Plantas que se cultivan para alimento, como trigo, maíz y arroz.

ecuador Línea imaginaria alrededor de la Tierra, a la que divide en dos hemisferios.

entorno Todo lo que rodea a un objeto.

madera blanda La madera de algunos árboles, como el árbol del caucho y el pino. Crecen más rápido que los de madera dura.

madera dura La madera de ciertos árboles, como la caoba. Los árboles de madera dura tardan muchos años en crecer.

nocturno Animal de mayor actividad en la noche.

perchado Se dice del ave o murciélago cuando está colgado de una rama.

planeta Objeto grande en el espacio que gira en torno al Sol u otra estrella.

presa Las criaturas que otros animales cazan y comen.

pueblos Los distintos grupos de personas que viven en un país.

reciclar Usar un objeto o material otra vez.

reptil Grupo de animales de sangre fría y con esqueleto, como las serpientes y los lagartos.

recurso Objeto natural, útil o valioso, que un país puede usar para obtener dinero.

vapor Humedad en el aire que se ve en forma de niebla o nubes.

Índice

Publicado en los Estados Unidos y Canadá por
Two-Can Publishing LLC
234 Nassau Street
Princeton, NJ 08542
con permiso de
C.D. Stampley Enterprises, Inc.

© 2002, 1997 Two-Can Publishing

Para más información sobre libros y multimedia Two-Can, llame al teléfono 1-609-921-6700, fax 1-609-921-3349, o consulte nuestro sitio web http://www.two-canpublishing.com

Texto: Rosie McCormick
Asesor: Cecilia Fitsimons
Arte: Stuart Trotter, Bill Donohoe
Arte en computación: D. Oliver, Mel Pickering
Fotografía en comisión: Steve Gorton
Director editorial: Jane Wilsher
Director arte: Carole Orbell
Director producción: Lorraine Estelle
Responsable proyecto: Eljay Yildirim
Editores: Belinda Webster, Deborah Kespert
Asistentes editoriales: Julia Hillyard, Claire Yude
Editor co-edición: Leila Peerun
Investigación en fotografía: Dipika Palmer-Jenkins
Traducción al español: María Teresa Sanz

HC ISBN 1-58728-645-9
SC ISBN 1-58728-702-1

HC 1 2 3 4 5 6 7 8 9 10 05 04 03
SC 1 2 3 4 5 6 7 8 9 10 05 04 03

Créditos fotográficos: Biofotos (Brian Rogers) p12i; Britstock-IFA (Bernd Ducke) p8; Bruce Coleman p5, p7sd, p7ci, p11, p29; Colorific! (T Aramac/Camara Tres) p28; Steve Gorton p26, p27; Frank Lane Picture Library (Phil Ward) p18-19c; NHPA (Nigel J Dennis) p19d; Oxford Scientific Films (Konrad Wothe) p17d; Premaphotos (Ken Preston-Mafham) p16-17c; South American Pictures (Tony Morrison) p20; Still Pictures (Mark Edwards) p25; Tony Stone Images cubierta; Zefa Pictures p12d, p14, p24.

Impreso en Hong Kong